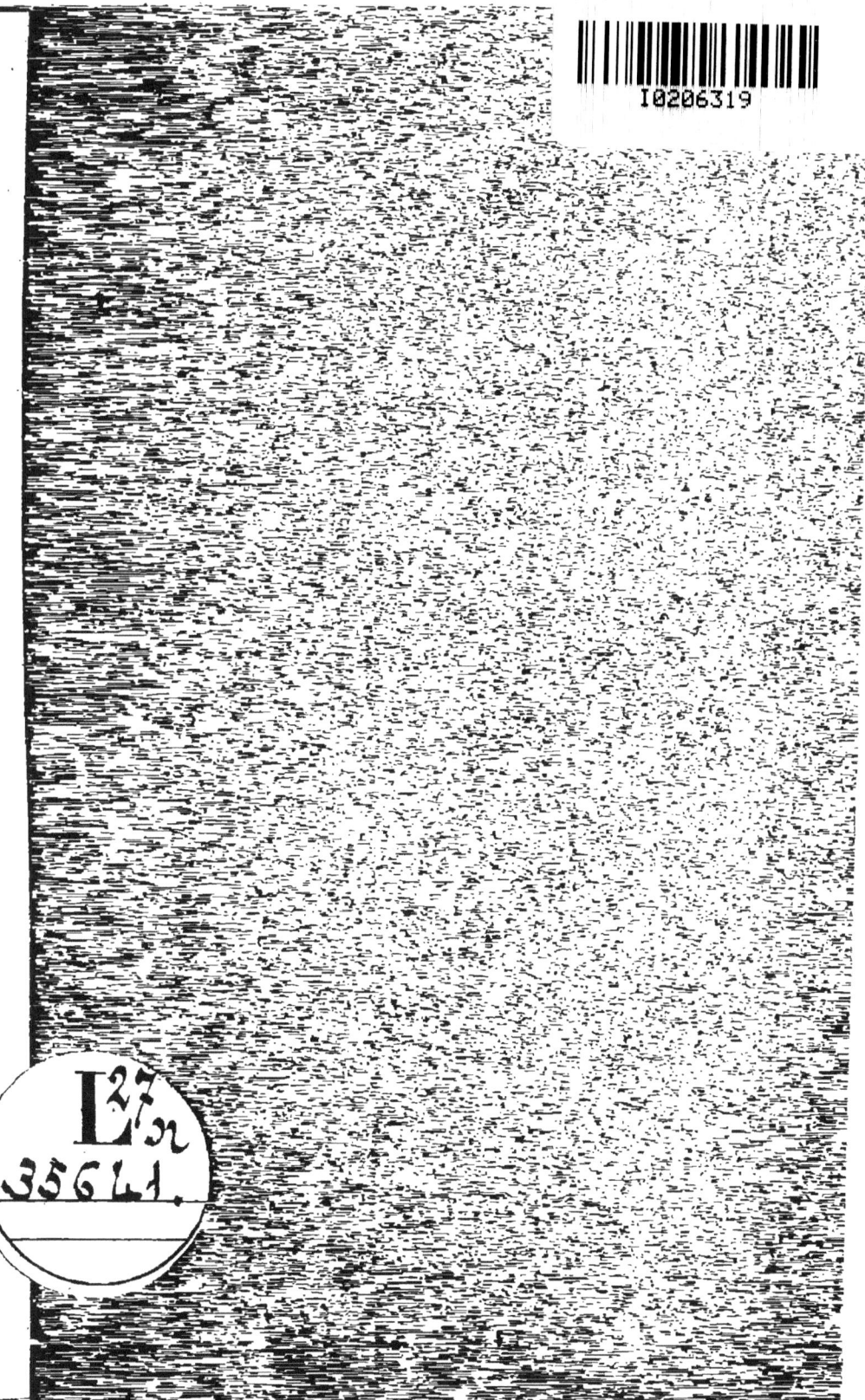

ALLOCUTION

PRONONCÉE SUR LA TOMBE

DE

M. F. P. PAQUEAU

DOCTEUR EN MÉDECINE
ANCIEN MAIRE DE TOUGY
ANCIEN CONSEILLER GÉNÉRAL
ANCIEN PRÉSIDENT
DE LA SOCIÉTÉ MÉDICALE DE L'YONNE

Le 31 Mars 1885

PAR

M. LE DOCTEUR LOUIS ROCHÉ

AUXERRE
IMPRIMERIE OCT. CHAMBON
RUE DE PARIS, 127
—
1885

DOCTEUR F. P. PAQUEAU

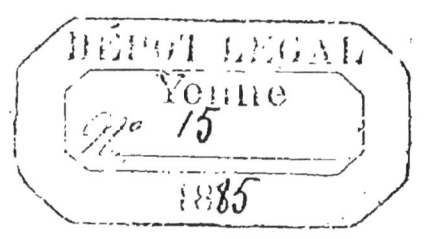

ALLOCUTION

PRONONCÉE SUR LA TOMBE

DE

M. F. P. PAQUEAU

DOCTEUR EN MÉDECINE
ANCIEN MAIRE DE TOUCY
ANCIEN CONSEILLER GÉNÉRAL
ANCIEN PRÉSIDENT
DE LA SOCIÉTÉ MÉDICALE DE L'YONNE

Le 31 Mars 1885

PAR

M. LE DOCTEUR LOUIS ROCHÉ

AUXERRE

IMPRIMERIE OCT. CHAMBON

RUE DE PARIS, 127

—

1885

ALLOCUTION

Prononcée sur la Tombe

DE MONSIEUR F. P. PAQUEAU

Le 31 Mars 1885

PAR

Monsieur le Docteur Louis ROCHÉ

Messieurs,

L'homme excellent que nous conduisons à sa dernière demeure était un enfant de ce pays qu'il aimait passionnément. Médecin, maire, conseiller général, il lui a consacré la plus grande et la meilleure partie de son existence. Il s'est créé de fidèles amitiés, a su conquérir l'estime, je ne dirai pas de ses ennemis, il n'en avait point, mais de ses adversaires eux-mêmes. Aussi, en présence de cette foule émue, de cette digne famille qui pleure le plus cher de ses membres, je crois remplir un pieux devoir en esquissant le plus rapidement possible une vie si bien remplie.

Monsieur Paqueau naquit à Toucy en 1812, de parents modestes et honorables qui jouissaient d'une juste considération. Dès son enfance il se fit remarquer par sa vive intelligence et par son heureuse mémoire. Quand vint le moment de choisir une carrière, il entra à Alfort qu'il devait bientôt quitter pour suivre les cours de l'Ecole de Médecine. A cette époque, une ardente opposition s'était manifestée contre le gouvernement de Juillet. Entraîné par son esprit généreux, le jeune étudiant prit une part active au mouvement. Ses études en souffrirent-elles? Il est permis de le supposer, car, s'arrachant aux séductions de Paris, il devint médecin militaire et obtint son diplôme à Montpellier.

Revenu dans son département, il se fixa d'abord à Guerchy. Au bout de peu de temps, l'amour de son cher Toucy, et une union digne de lui qu'il venait de contracter et qui, pendant près de quarante ans, fut heureuse entre toutes, le ramena près de nous. La clientèle de Toucy était alors partagée entre mon regretté grand-père et le vénérable M. Brouet. Au milieu de ces deux praticiens justement appréciés du public, Monsieur Paqueau sut conquérir une place honorable. Sympathique à ses confrères, il s'attacha promptement ses malades par son désintéressement, sa bonté et sa douceur. Doué d'une sensibilité extrême, il compatissait plus que personne à leurs souffrances. Combien de fois ne l'ai-je pas vu, au chevet d'un agonisant, mêler ses pleurs à ceux de la famille. L'ami cherchait alors à consoler les parents de la perte d'un être cher que le médecin n'avait pu sauver. Aussi avait-on pris l'habitude de l'appeler « le bon

Monsieur Paqueau ». Des esprits élevés pourront sourire de cette qualification ; quant à moi je n'en trouve pas de plus belle et de plus enviable ; elle surpasse à mon avis les titres les plus flatteurs et les plus pompeux.

Pendant longtemps il fut médecin des Enfants assistés du département et de ceux de la Seine. C'est ce dernier service qui lui fut enlevé brusquement lorsqu'il avait déjà un pied dans la tombe, le 31 janvier dernier, par un arrêté que le corps médical qualifia sévèrement.

Membre fondateur de notre Société médicale de l'Yonne, il assistait régulièrement à nos séances, prenait part à nos discussions, nous lisait d'intéressantes observations. Aussi ses collègues lui avaient-ils témoigné leur profonde sympathie en l'appelant à la vice-présidence d'abord, puis à la présidence de la Société.

Le suffrage de ses concitoyens n'avait pas tardé à se porter sur lui. Il devint promptement conseiller municipal, puis adjoint de M. Arrault, et, à la mort de cet éminent administrateur, il fut nommé maire de Toucy. On peut dire que, dans cette circonstance, le choix du gouvernement fut pleinement ratifié par l'opinion publique et que, pendant dix-huit années, renommé constamment le premier Conseiller municipal, il administra le pays d'une façon toute paternelle. Ses adversaires l'ont accusé de faiblesse. Ce que je sais, Messieurs, c'est qu'il n'usa jamais contre eux de son influence toujours croissante auprès des puissants du jour ; c'est que, pendant le néfaste hiver de 1870-1871, il fut constamment sur la brèche, acceptant pour lui les plus lourdes charges, restant en permanence à la Mairie, et intercédant, non sans danger pour sa personne, auprès des chefs de l'armée allemande pour adoucir le fardeau de l'invasion qui pesait si lourdement sur ses concitoyens.

La population du canton, comme celle de son chef-lieu, avait su le distinguer. Conseiller d'arrondissement d'abord,

puis conseiller général, il conserva dans cette haute situation son caractère bon et affable. Accessible à tous, il ne savait jamais refuser un service et il n'épargnait ni son temps ni ses peines quand il s'agissait d'être utile à son pays ou à ses compatriotes. Longtemps il fut à la tête de la délégation cantonale. Nul ne prit une part plus active à la fondation de notre Société de Secours mutuels. Président de cette Société, je viens en son nom témoigner publiquement sa reconnaissance envers celui qui, le premier, fut son président.

Aux élections cantonales de 1874, il échoua de quelques voix. Aux élections municipales de 1878, lui qui toujours était arrivé en tête de la liste, n'occupait plus que la douzième place. Il n'hésita pas une minute et donna immédiatement sa démission de maire. Pendant quelques temps encore il resta conseiller, puis il rentra définitivement dans la vie privée, ne conservant de toutes ses anciennes fonctions publiques que celle de commissaire des pauvres qu'il remplit tant que ses forces le lui permirent.

Dans la retraite, il fut ce qu'il était au pouvoir, et son caractère resta le même. Il trouva du reste dans les joies de la famille d'amples satisfactions. Il eut le bonheur de marier ses trois filles et de trouver dans ses gendres des fils dévoués qui le chérissaient comme un père. Il vit naître son premier petit-fils, ce jeune enfant dont les caresses ont adouci si souvent les douleurs de ses derniers jours. Entouré des soins affectueux de sa compagne dévouée, au milieu de ses chers enfants, il semblait aussi heureux qu'on peut l'être ici-bas lorsqu'il ressentit les premières atteintes de sa cruelle maladie.

Ce fut dans les derniers mois de 1884 qu'il commença à souffrir. Il lutta tant qu'il put, et quand, vaincu par le mal, il fut forcé de s'arrêter, éclairé par ce triste privilège du médecin sur la terminaison fatale, il ne se fit aucune illusion. Il voulut mourir en chrétien, accepta avec joie les consolations de la religion et, après de longues souffrances. il s'éteignit sans secousse et sans agonie.

Que d'autres, sur le cercueil de leurs morts, glorifient le néant et cherchent par des théories subtiles à prouver qu'il n'y a rien au delà de la tombe ; nous, Messieurs, qui croyons à l'immortalité de l'âme, nous espérons revoir un jour ceux qui nous ont été chers. Cette croyance était la vôtre, vénéré Confrère, et, au moment où la terre va recouvrir votre dépouille mortelle, je ne vous dis pas adieu, mais au revoir !

Auxerre. — Imprimerie Oct. CHAMBON, rue de Paris, 127.

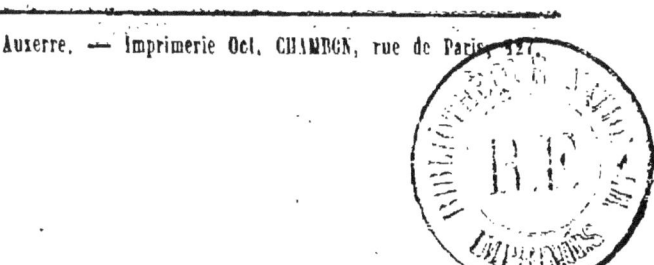

53

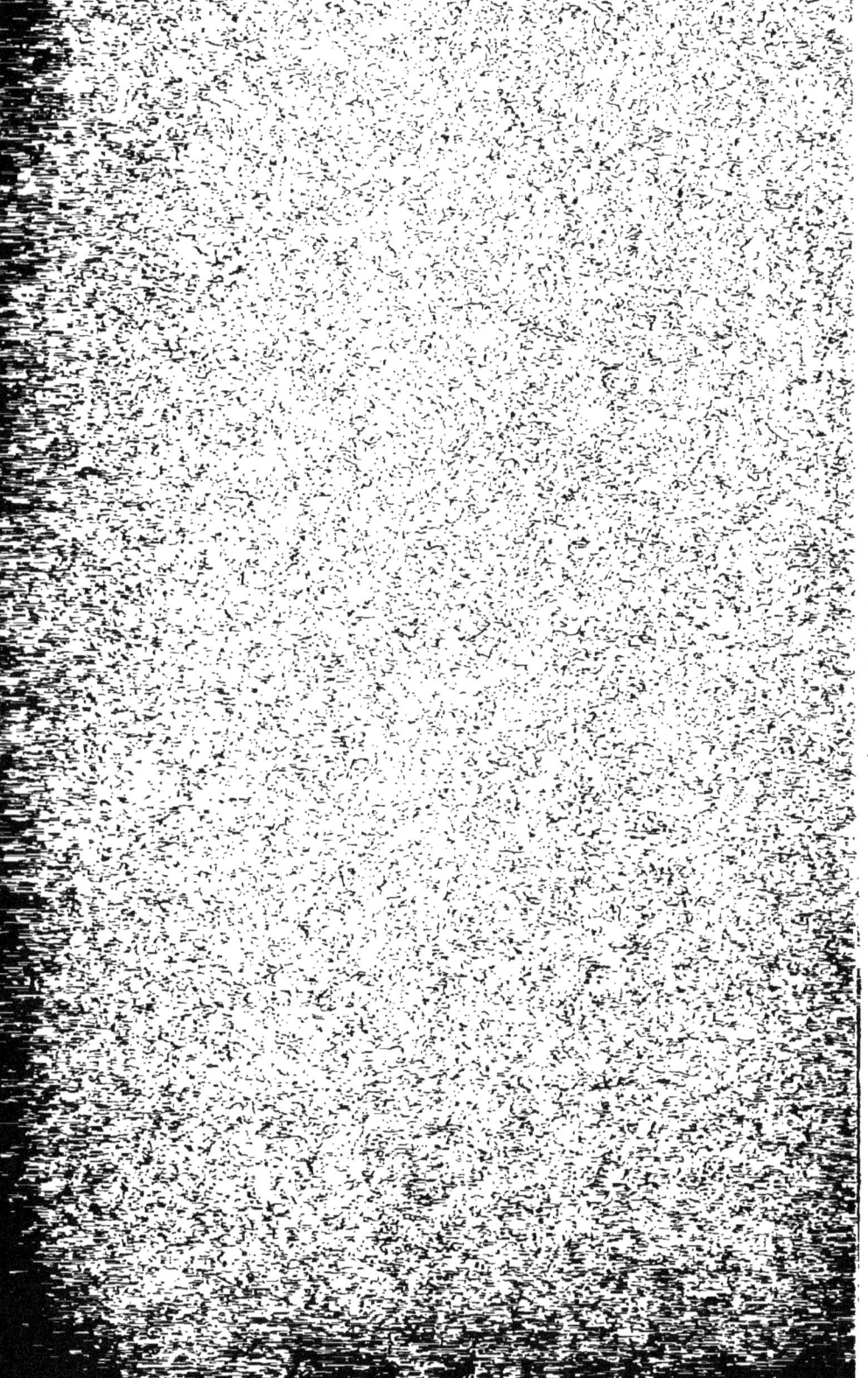

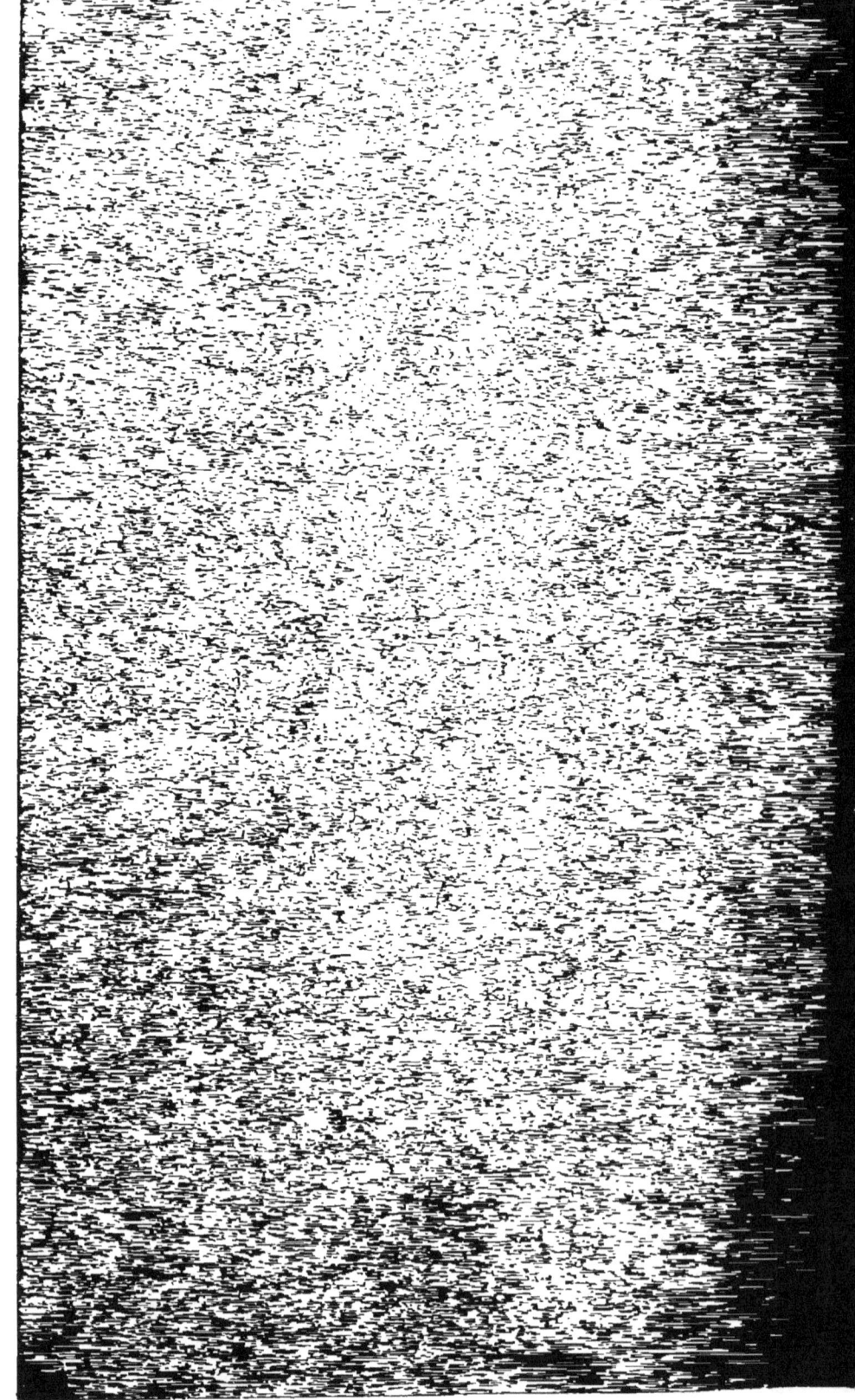

www.ingramcontent.com/pod-product-compliance
Lightning Source LLC
Chambersburg PA
CBHW060621050426
42451CB00012B/2361